DE

L'ORGANISATION SOCIALE

EN RAPPORT AVEC

LES MOEURS, L'ÉDUCATION, LE CLIMAT,

LE GOUVERNEMENT REPRÉSENTATIF,

LES ROUAGES ADMINISTRATIFS EXISTANS,

LA RICHESSE ET LES DIVISIONS TOPOGRAPHIQUES

DE LA FRANCE.

Programme d'un nouveau système.

PAR M. GUYON DE SAULIEU,

Membre de plusieurs sociétés savantes de France.

Prix : 75 centimes.

PARIS,

CHEZ TOUS LES MARCHANDS DE NOUVEAUTÉS,

ET CHEZ L'AUTEUR, RUE DES MOULINS, 30.

1846.

IMPRIMERIE D'ÉD. PROUX ET Ce, RUE NEUVE-DES-BONS-ENFANS, 3.

DE L'ORGANISATION SOCIALE

DE LA FRANCE.

PROGRAMME D'UN NOUVEAU SYSTÈME.

Les sociétés humaines, comme les individus, ont leur vie marquée par des instans de fébrile activité ou par des momens de repos complet. Elles passent toutefois de l'un à l'autre de ces extrêmes sans transition. En effet, à l'agitation succède la marche régulière, normale ; mais ce sage mouvement ne saurait avoir de durée ; car, de même encore que l'homme, les sociétés ont des passions, et partant de magnifiques entraînemens ou de funestes erreurs ; puis surviennent l'enthousiasme aveugle ou le paresseux découragement, l'un dépassant le but, l'autre s'arrêtant en chemin. Mais comme le Sisyphe antique qui roule éternellement son tonneau sur la haute montagne, bientôt l'humanité reprend courage, poussée qu'elle est par la voix d'en haut qui lui crie incessamment : Marche ! marche !

Combien de fois, depuis six mille ans, les sociétés humaines se sont agitées et mises en marche pour la conquête du progrès ! Combien de fois aussi, par une cause ou par une autre, elles ont perdu de vue ce but saint et sacré ! Combien de fois aussi, déviant de la route étroite, elles sont revenues au point de départ !

Que cherchent donc les sociétés? — Le progrès !

Le progrès ! — mot sublime et terrible, symbole mystérieux de la suprême science ou de la sottise humaine, combien de fois n'as-tu pas servi de but aux vues les plus opposées ? — Progrès, où es-tu , et quelle route conduit à toi?

Les éternelles vérités ne se démontrent pas; elles s'imposent et l'homme y croit.

Pour les esprits droits et bienveillans, le progrès est en tout, partout, il ne faut que se mettre à sa recherche avec courage et ferme foi pour deviner sa loi.

Que chacun rentre en sa conscience et regarde autour de soi; qu'il analyse, qu'il remonte à la source de chacun de ses propres besoins et de ceux de la société ; qu'il dise sans crainte comme sans arrière-pensée à quelles sources, à quels trésors inépuisables, et les hommes réunis en société, et les hommes à l'état sauvage, vont puiser les élémeus de leur existence : la *nature !* la *nature !...*

Auprès de la nature, cette pierre de touche universelle, que sont ces vains hochets , ces clinquans façonnés par la main des hommes ? — un peu de vile poussière.

Quel est à présent l'art, le métier utile, indispensable, qui est la plus pure et la plus simple expression de ce grand tout visible et invisible qui alimente et soutient, à des degrés infinis et divers, tous les êtres de la création ?

C'est l'*Agriculture*.

Combien de fois, combien d'années, combien de siècles on a délaissé, dédaigné cependant cette mamelle toujours féconde de la divine nourrice !

Cependant il s'est trouvé en tous lieux, sur la terre, une famille robuste, brave, pleine de sens, qui n'a jamais déserté l'agriculture ; elle y a consacré son intelligence et ses nombreux enfans.

Cette famille en est incessamment récompensée par une lignée innombrable comme les grains de sable de la mer et qui rarement dégénère. De ses fils elle a fait des artisans de toutes sortes : à eux d'arracher le fer des entrailles de la terre pour le façonner en socs de charrue, en armes qui tuent, en instrumens qui amusent les enfans ; — à eux de bâtir la maison de l'ouvrier ou le palais du prince ; — à eux de creuser les routes, de jeter des ponts sur les rivières ; — aux fils inquiets, avides d'émotions, d'activité fiévreuse, de joncher de leurs cadavres les champs de bataille où se défendent les intérêts de la patrie ; — aux fils faibles, mais patiens, de tisser la laine des troupeaux, le fil des plantes ; — à ces hommes plus faibles de corps, mais forts d'esprit, de conception, d'illustrer la famille par leur génie dans les arts, les lettres, les sciences, — et à tous ces gens de cœur et de bonne volonté, des femmes belles, fortes comme eux, industrieuses, intelligentes, aimant le travail et perpétuant par leur fécondité cette génération sans fin...

Qu'est-ce donc toute cette famille à professions multiples, toujours en mouvement, au service du reste de l'humanité, et partout exploitée par les gens de loisir et les paresseux? qu'est-ce cette famille, sinon tout ce qui porte ce nom terrible, saint et éternel, le Peuple.

Maintenant, quelles récompenses, quelles faveurs, quelle considération ont été accordées à cette famille de travailleurs infatigables qui commence au laboureur et finit à l'ouvrier de la main ou de l'intelligence ? Qu'on réponde enfin.....

Cette digression mènerait trop loin, et nous n'avons voulu qu'indiquer le thème général de la critique des choses de ce monde, où les simples notions du juste et du vrai se sont perverties par la succession des temps et par une déviation légère, mais continue, de la route normale que doit suivre l'humanité.

Loin de moi l'idée de blâme : je suis de mon temps, j'admire au contraire les efforts que chacun dépense pour attaquer ou défendre les positions. Mais ce sont les choses et les principes sur lesquels elles reposent qui ne peuvent avoir mon assentiment.

C'est sur les principes et les choses que j'appelle l'attention de mon pays.

Je ne suis point, heureusement, seul de cet avis ; bon nombre de citoyens honorables et dévoués pensent comme moi que le seul remède à apporter à cet ordre social, que tout le monde sent vicieux, c'est de reconstituer la moralité, d'honorer le travail.

Dans ce temps d'égoïsme et d'intérêt personnel, que faut-il pour arriver à ce résultat ? — Tout simplement se servir habilement des moyens qui nous ont poussé vers l'abîme : les mauvaises passions de l'homme l'ont perdu ; employons-les désormais à le sauver. En d'autres termes : partageons entre ceux qui travaillent, sont et veulent rester honnêtes, tout ce que nous avons laissé ravir, pendant tant de siècles, par les méchans, les orgueilleux et les fainéans ; — que les satisfactions de l'amour-propre, les honneurs de la société, les jouissances de l'intelligence ; — que les douceurs de la vie matérielle, brutale même si l'on veut, soient désormais le partage de ceux qui les méritent. Leur part à chacun ne sera pas telle d'abord que ce régime les puisse énerver; qui vous empêche, d'ailleurs, de pourvoir à l'impossibilité de retour du mal !

Par quel côté abordera-t-on cette consolidation du vieil édifice social, qui nous semble si ruiné, si décrépit, que le plus faible coup doive entraîner son écroulement total?

Ne vaudrait-il pas mieux conjurer immédiatement sa chute pour le relever sur des fondemens plus solides, plus normaux?...

Prenons-y garde, les sociétés ne peuvent faire place nette et rase comme la nature, qui porte éternellement en soi le germe de toutes choses.

Ne nous décourageons parce que la besogne est difficile, immense; — il n'est dans l'homme de mal non mortel qui n'ait sa guérison.

Le faux en matière gouvernementale, comme en toute autre matière, est fatal et préjudiciable à tout le monde, gouvernans et gouvernés. — Le vrai, au contraire, est salutaire, utile et profitable au puissant comme au faible.

Il n'est jamais trop tard pour revenir aux notions du juste et du vrai. La société française, cette initiatrice de toutes les grandes choses qui se sont accomplies chez les modernes, la France semble enfin avoir pris souci de prouver au monde qu'elle encore saura la première reconnaître la vraie voie de sagesse et de salut.

C'est par suite de l'abandon et du mépris où est tombée l'agriculture; c'est par l'oubli des droits de tous les travailleurs que se sont perdues les notions du vrai et du juste. Remontons donc insensiblement par des efforts intelligens, bien combinés, vers les principes régénérateurs.

Nous possédons, en France, au plus haut point de perfection, tous les élémens d'améliorations sociales; malheureusement tous ces moyens sont épars çà et là. Pour les réunir et en faire corps de science, il est indispensable d'unir la *science des choses à la science des mots*, la science gouvernementale est la synthèse de la science des choses; or, la pratique de la science des choses est tout entière entre les mains de la classe ouvrière.

Ceci posé, comment veut-on, si on néglige ou si l'on refuse, comme par le passé, d'interroger ou de consulter les différentes classes ouvrières, arriver à formuler la science des choses et des mots; comment veut-on étudier les améliorations sociales?

En procédant par ordre logique, selon la loi de la raison, pour parvenir à connnaître les hommes et les choses, il suffit dès lors d'interroger toutes les classes de la société pour savoir ce qu'il convient de faire dans l'intérêt des unes et des autres.

Posons ces questions, et tâchons d'y répondre :

D. — Que demande la classe ouvrière à ceux qui tiennent le pouvoir dans la société humaine?

R. — La classe ouvrière demande à ceux qui tiennent le pouvoir, *du travail* les jours ouvrables, *du plaisir* les jours de fêtes. Du travail et du plaisir, ou du plaisir et du travail; ces deux mots doivent être toute la règle, toute la politique des gouvernans.

D. — Maintenant, à leur tour, que recherchent les classes supérieures de la société?

R. — Les classes supérieures recherchent *des richesses*, *du pouvoir et des honneurs.*

Quoi de plus net, de plus précis, de plus tranché que ces deux demandes et ces deux réponses des seuls élémens qui composent une nation?

Est-il si difficile, maintenant, d'arriver à une pondération entre ces deux classes si distinctes ?—Les richesses (ou l'argent), le pouvoir (ou la force), les honneurs (ou la capacité) des classes supérieures ne peuvent-ils servir, sans les enlever à ceux qui les possèdent, à satisfaire aux besoins des deux classes?

En effet, si ces moyens de puissance de la civilisation sortent momentanément comme échange, comme achat des produits et des services des gens de labeur, n'est-il pas de leur essence de remonter, dans un temps donné, aux lieux d'où ils sont descendus?

Que les classes dites supérieures ne soient donc plus si avares, qu'elles ne craignent donc plus de payer largement, généreusement ce qu'elles demandent aux ouvriers pour le *prêt* qu'elles lui font de leur *argent*, de leur *pouvoir*, de leur *science du bien-être*, car tout cela doit leur revenir bientôt accru de la valeur du travail. Elles auront dépensé apparemment dix fois plus qu'elles ne dépensent aujourd'hui; mais elles auront obtenu *vingt fois plus* par la fréquence et l'activité de la circulation, et, en fin de compte, tout calcul fait, le plus gros, le plus net du bénéfice sera resté aux classes supérieures de la société, — elles qui auront si peu apporté à la communauté!

Ainsi tout le monde gagnera à cette métamorphose des sociétés, et l'on sera dispensé désormais d'aller chercher au loin, et souvent *inhumainement*, des *débouchés*.

Il est une autre vérité qui sortira de cet effet général. Ne sait-on pas qu'en consommant le plus possible *sur place* les produits du sol, c'est user du moyen infaillible d'améliorer *le sol et ses habitans eux-mêmes*. En éparpillant, au contraire, les produits du sol et leurs consommateurs sur divers points, comme il arrive si fréquemment maintenant par l'incomplet établissement des chemins de fer, on appauvrit la terre et on amoindrit l'espèce.

Le bien-être matériel des diverses classes de la société fera bientôt cesser, on le comprend de reste, cette lutte, cette défiance qui existent entre les enfans de la grande famille.

S'il est bien vrai, comme nous l'avons posé en principe dès le commencement de cette brochure, — que les classes ouvrières ne veulent, ne demandent qu'un convenable emploi et la juste rétribution de leur diverses aptitudes, en un mot de leur travail pendant la semaine, pour ensuite, le dimanche, se livrer au plaisir ou au repos, qui peut désormais exciter chez les ouvriers ce levain de haine, ce désir de représailles que font fermenter la misère autant que l'injustice?

Quant aux classes aisées, riches, leur peut-on supposer la défiance injuste, l'aversion sans sujet des classes qui les soutiennent sur leurs robustes bras? — C'est impossible autant que déraisonnable.

L'ouvrier satisfait dans tous ses besoins impérieux laissera aux mains des classes supérieures le libre exercice du pouvoir. Et qui ne sait que la sécurité, la force du pouvoir font sa douceur et presque sa sagesse?

Il adviendra bientôt, et par la force des choses, qu'entre tous les citoyens, riches ou pauvres de l'État administré comme nous l'entendons, s'établira une confiance, un commerce d'amitié qui feront enfin triompher sur la terre ce grand et adorable principe de la fraternité universelle de l'homme-Dieu rédempteur des nations, si souvent prêché, mais non réalisé jusqu'ici.

Pour arriver à ce résultat que faut-il? — Appeler enfin à soi tous les hommes de sens et de bonne volonté, à quelque rang, à quelque classe de la société qu'ils appartiennent.

Comment et où trouver, dira-t-on, ces législateurs modèles? — Quoi de plus simple dans un pays où, depuis cinquante ans, tous les citoyens ont fait et défait la loi vingt fois, sous vingt gouvernemens différens ! dans un pays où tout le monde, pauvres et riches, chacun à son tour, a souffert de cette instabilité avouée, patente de la loi organique !

Quelles ont donc été les causes de cette oscillation, de ce déplacement si fréquent du pouvoir ?

Le désordre s'est produit en France et dans le monde entier, non depuis cinquante ans, mais depuis des siècles, car notre génération n'en est que la victime innocente, ainsi que nous l'avons indiqué sommairement déjà ; — le désordre, disons-nous, s'est produit par une seule et même cause : l'oubli des principes primordiaux qui doivent présider à l'organisation de toute société durable.

Qui donc se chargera, dans cette confusion, de formuler, non la doctrine qui devra régir les sociétés, — mais seulement la règle pratique qui aidera l'humanité à sortir de l'ornière où elle languit et se meurt ?

Eh ! mon Dieu, il n'est tant besoin de s'inquiéter, le remède est à côté du mal.

Tous les bons citoyens de notre France, et soyons sûrs qu'il s'en trouve encore grand nombre, sont prêts à reconnaître, sinon même à appuyer, une vérité aussitôt qu'elle aura lui à leurs yeux, surtout si elle se sert pour arriver jusqu'à eux de cette forme calme, pacifique et sage, bienveillante et persuasive, qui est déjà un des élémens de la lumière elle-même.

Qu'on me permette de le répéter : — Je ne veux point agir sur le pays, en dehors de ses lois, en dehors même de ses mœurs ; c'est une modification, non une révolution que j'appelle, c'est un supplément de force que je veux donner aux uns et aux autres : aux puissans, je veux ajouter la sanction du nombre ; aux faibles, je prétends offrir l'appui du fort.

En effet, que vont incessamment devenir tous ces élémens

divisés, ennemis même de la puissance publique? — Et la puissance publique de ce pays, qui ne sent qu'elle-même, particulièrement, a besoin de retremper son action aux sources réelles de sa vitalité? N'est-il pas avoué, prouvé, que le gouvernement ne tire sa sanction que d'un trente-cinq millième de la population, et que les 34[35e autres parties réellement actives, productives et utiles du pays végètent en dehors de l'action gouvernementale; qu'elles se trouvent par conséquent à la merci du premier intrigant venu qui montrera cette vérité terrible: Que la constitution n'est pour le peuple proprement dit, qu'une marâtre demandant sans cesse des services de sang et de sueur, pour ne lui donner en échange que la misère et les rigueurs d'un code pénal!

Vérité terrible qui as pour toi toutes les armes de la logique, dis-nous donc par quelle influence tutélaire tu as pu arrêter jusqu'ici tant de bras prêts à briser ce frein de soie et d'or qui retient depuis si long-temps captif le lion populaire!

Puissance du juste et du vrai sur la terre, votre empire est tel encore, malgré la perversion de l'esprit humain, que votre apparence seule, ou plutôt son fantôme, suffit pour obtenir la soumission et l'obéissance des sociétés aux chefs mêmes qu'elles n'ont point choisis...

Est-ce à dire que le pouvoir dirigeant n'est point, selon nous, légitime? — Celui-là est légitime qui fait le bonheur du peuple d'où qu'il vienne. Si de puissans intérêts lui ont été confiés, qu'il en dispose souverainement; — si une grande force lui a été donnée, qu'il la prenne en main sans crainte et en use, à cette seule condition que ce soit pour le salut de tous, pour le bonheur de tous: il n'y eut jamais d'autre légitimité...

Mais si le pouvoir se trompe, s'il est mal conseillé; plus encore: — si le peuple partage l'erreur de ceux qui le gouvernent.

Le devoir de tous les bons citoyens alors est d'avertir et le pouvoir et le peuple.

Je n'ai pas d'autre ambition. Si je me suis abusé, que l'on rectifie mes vues, qu'on me montre le chemin de la vraie vérité, je suis prêt à suivre sa voie.

Dès ma jeunesse, aussitôt que je me suis aperçu du désordre qui existait dans la société, je me suis appliqué à reconnaître les caractères et les causes du mal dont tout le monde souffrait.

Élevé loin des villes, mais cependant forcé d'y vivre, je n'ai pas tardé à me convaincre que tout ce qui sort de plus beau, de plus brillant de la main de l'homme; ces somptueux palais, ces magnifiques étoffes, ces métaux artistement travaillés, enfin tout ce que l'homme appelle richesse, n'est en réalité qu'une maigre représentation, une minime fraction de la vraie richesse, dont la nature seule est en possession.

Ce point donné, j'arrivai bien vite à constater que l'immense canal par lequel nous arrivait incessamment, sans s'épuiser jamais, la vraie richesse, — c'est l'agriculture.

L'agriculture étant incontestablement la base fondamentale de l'industrie et du commerce, de toutes les richesses, de toutes les professions, de tous les arts dans les sociétés, c'est donc de la régénération, de l'organisation de l'agriculture que je fais découler toutes les améliorations de la *modification* dans l'ordre social que je propose (1)

Voici bientôt vingt-sept ans, en 1818 (2), que j'ai proposé

(1) Je n'ai prétendu, dans cette brochure, qu'écrire un simple programme. Je me propose de publier, plus tard, un ensemble complet d'*Organisation sociale.*

(2) En 1818, je proposai, dans un mémoire imprimé, de former un *Institut civil et agricole* sur un plan régulier. Ce travail obtint alors

pour la première fois aux ministres d'alors de sortir de l'impasse où se trouvaient et où se trouvent encore aujourd'hui notre pays et le monde entier.

Mon projet était sommairement celui-ci : Créer immédiatement une sorte de sacré collége sous le nom d'*Institut national agricole*, dont le roi est déclaré protecteur suprême et seul directeur,—puisque le chef de l'Etat est sur la terre le symbole de l'autorité divine, autorité qui ne dédaigne point, durant toute l'éternité, d'imprimer le mouvement à cet incommensurable alambic où s'élabore sans cesse, à l'aide de myriades d'élémens inconnus à la petite science de l'homme, ce grand œuvre de la composition et de la décomposition des corps multiples de tous les règnes de la nature.

L'*Institut national agricole* ayant pour mission de rendre à la science de cultiver toute sa dignité primitive, son premier soin, dès lors, devra être de rechercher les moyens de relever à ses propres yeux, ainsi qu'aux yeux de tous, la classe si délaissée, si dédaignée aujourd'hui des laboureurs.

Pour commencer cette régénération, le droit d'élection est immédiatement accordé à tous les agriculteurs, à tous les hommes qui produisent.

L'*Institut agricole* se compose d'un haut conseil et d'un conseil pratique. Le haut conseil est formé d'un certain nombre de membres élus d'abord indistinctement par tous les travailleurs qui fécondent la terre. Le haut conseil choisit lui-même tous les ans son président ; le haut conseil est inamovible sans être héréditaire. A mesure de l'extinction de ses membres, il est pourvu à leur remplacement par égal nombre de conseillers élus, à certaines conditions qui seront plus tard

---

l'approbation et la sanction du conseil général de la Côte-d'Or, de la société d'agriculture de Seine-et-Oise, et de trois députations (de l'Yonne, de la Nièvre et de Saône-et-Loire).

définies, dans le sein et parmi les membres les plus méritans du conseil pratique. La fonction de haut conseiller est purement honorifique. Le haut conseil se réunit en session un certain nombre de fois dans l'année, pour discuter, sanctionner ou improuver les travaux du ministère de l'agriculture (1) et de son conseil pratique proprement dit. Le haut conseil est en fréquente communication avec les grandes divisions administratives et politiques du pays; il indique par des avis au ministre de l'agriculture et à son conseil pratique les mesures à exécuter pour arriver à posséder, à distribuer convenablement tous les élémens de l'activité, de la puissance et de la richesse du pays.

Le conseil pratique est composé de membres élus parmi tous les agriculteurs de la France; il siége près du ministre de l'agriculture, l'assiste des avis de son expérience. Il discute et sanctionne par son vote tous les actes de l'administration du ministre de l'agriculture.

Tous les membres de ce conseil, pour éviter le reproche de vénalité, sont uniformément payés par l'Etat.

Sans être subordonné au haut conseil de l'*Institut agricole*, le conseil pratique, toutefois, devra se conformer aux avis et décisions prises par lui, le haut conseil étant, en quelque sorte, son conseil d'Etat.

Le conseil pratique est donné au ministre de l'agriculture comme chambre consultative; c'est le ministre qui le préside, mais il est impuissant à le dissoudre; ce pouvoir n'appartient qu'au roi et au grand conseil, et dans certains cas.

---

(1) Dans ma brochure de 1818, j'avais demandé la formation de ce ministère spécial; ce ne fut qu'en 1819 qu'on essaya de cette mesure plutôt dans le but de créer un nouvel agent du pouvoir qu'une direction utile. En effet, il est remarquable que ce ministère a toujours échu à une foule de gens, excepté bien entendu à des agriculteurs.

Le roi nomme un ministre de l'agriculture pour représenter le pouvoir exécutif. Ce ministre nomme à tous les emplois salariés et non électifs, tels que préfets, chefs de bureau, inspecteurs, etc.

Le ministère de l'agriculture est indépendant des autres ministères, et, *d'abord*, n'est pas politique (1).

Un employé supérieur par département, le préfet actuel, par exemple, afin d'utiliser l'ordre hiérarchique existant, pourrait recevoir l'ordre de former, dans son administration même, une division dite *agricole*, qui élaborerait des rapports sur la situation de l'agriculture, ses progrès et les difficultés qu'elle rencontre dans la localité. Ce bureau, qui correspondrait toujours par le préfet, son chef naturel, avec l'administration centrale siégeant à Paris, aurait en outre pour mission de choisir, parmi les plus dignes, les plus laborieux, les plus instruits des électeurs cultivateurs de chaque centre de population, et selon son importance, un ou plusieurs fonctionnaires qui auraient le titre d'*instituteurs agricoles.* Comme agens de l'autorité centrale, ces fonctionnaires la représenteraient près des maires et devant les conseils municipaux des communes ; ils provoqueront les mesures qui auraient pour but d'activer les progrès de la culture ; ils feraient, avec le concours des maires et des conseils municipaux, les rapports à l'autorité préfectorale, qui, à son tour, transmettrait ces pièces au pouvoir central.

On comprend la force et la facilité de fonctionnement d'au-

---

(1) Cette réserve, on le comprend, n'est que momentanée; c'est tout simplement un moyen de neutraliser les abus du système représentatif, qui ne peut et ne veut se servir, pour former un ministère homogène, que d'hommes de la même nuance politique, effet qui peut chasser des affaires ou empêcher d'y arriver un homme éminent dans une spécialité importante, mais qui sera pour telle ou telle alliance, tel ou tel système financier, etc.

torités constituées ainsi, et aussi l'énorme influence qu'elles auront sur le cercle où s'étendra leur action, le lendemain même de leur nomination, qui rappellera, moins que toute autre, ces défiances, ces doutes, qui précèdent invariablement les fonctionnaires que le pouvoir central, souvent mal vu, envoie dans des localités où ils sont complètement inconnus.

Par notre mode, au contraire, ces agens, qui ont fait leurs preuves de capacité, puisqu'ils auront été choisis, bien qu'à divers degrés sans doute, par l'élection de gens compétens et reconnus tels, obtiendront aussitôt confiance et force.

Les instituteurs agricoles, tout en coopérant à l'emploi de bonnes méthodes dans l'agriculture active, auraient encore pour mission de surveiller, de corriger même la manière dont les instituteurs primaires inculquent à la jeunesse les élémens des connaissances usuelles indispensables à tout homme, et particulièrement les premières notions de l'art agricole, dont personne ne devra plus ignorer les bases.

Un certain nombre d'*inspecteurs* sera en outre créé pour étudier le sol des différentes régions territoriales du pays, le genre de culture qui leur convient le mieux, qui s'y fait plus productif sans les amoindrir. Ces inspecteurs devront avoir des connaissances en géologie, en climatérique, en chimie, en botanique, en dendrologie; une entente de l'art du vétérinaire, de la profession du taillandier, du charpentier agricoles, etc.; ils ne seront admis qu'après un concours, dont le programme sera mûrement et sévèrement réglé par le haut conseil, sur la présentation du ministre de l'agriculture et l'avis de son conseil pratique.

Ces inspecteurs enverront au ministre de l'agriculture le détail de leurs excursions, et à l'appui les notes des autorités des localités qu'ils auront visitées. Ces explorations auront principalement pour objet : 1° la reconnaissance de la nature du sol, sa contenance, la topographie de la région à laquelle il appartient ; — 2° l'état et le genre de sa culture, le chiffre de sa récolte, les modes ou moyens employés à son exploitation, ceux qui leur seraient préférables (1).

Ces rapports entendus et discutés, le conseil pratique nommera des commissions spéciales qui classeront les terrains et leurs produits, les méthodes et leur critique, par région, par série, et leur donneront un numéro d'ordre. De cette façon, les questions seront véritablement étudiées, et on ne verra plus semer des céréales et des prairies artificielles où doivent s'étaler des plantes ligneuses; s'élever des ceps de vignes où jauniront si bien des moissons. On arrivera ainsi à spécialiser les cultures. Il ne restera plus qu'à transporter d'une contrée à l'autre ce que la nature refuse ici pour le jeter à profusion là-bas.

L'Etat, en bon père de famille, pourra par d'intelligens travaux de défrichemens, trop lourds pour des particuliers, mais faciles pour lui; par des avances de semailles, de plants d'arbres, d'argent même, accélérer encore le moment où la France n'aura plus un coin de terre qui ne soit utilement occupé.

C'est alors seulement qu'on pourra faire étudier les progrès et les modes divers de l'agriculture, les lois naturelles et artificielles de la production agricole chez nos voisins et dans les

---

(1) Dans un travail qui m'est propre, j'ai sommairement divisé le sol de la France ainsi : le premier quart en bon terrain pouvant produire le double de récolte dès la première année, sans augmenter les dépenses, et en nous servant de nos seuls moyens ou des améliorations que nous avons obtenues particulièrement depuis trente ans; le deuxième quart en terrain médiocre; un troisième quart en mauvais terrain, et le quatrième quart en terrain inculte ou à peu près. On estime, en moyenne, le meilleur arpent de terrain 30,000 fr. dans les environs de Paris; le plus mauvais étant estimé 0, il y aurait encore 30,000 fois plus de population qu'il n'y en a aujourd'hui, que la France nourrirait encore tous ses habitans.

autres parties du monde, si l'on veut. Tandis que s'en occupant prématurément, comme on l'a fait jusqu'ici, on n'a guère créé que des embarras et des hésitations de plus à l'agriculture nationale, si désorganisée déjà.

Une prétendue science qui a jusqu'ici commis plus d'erreurs et enfanté plus de faux systèmes qu'elle n'a de professeurs, l'économie politique, enfin, a prétendu qu'il fallait tendre à diminuer le chiffre de la population, par l'émigration par exemple (1), attendu que dans un temps donné les substances alimentaires manqueront, le sol s'appauvrissant. Ce thême est une absurdité autant qu'une fausse appréciation : car, au contraire, il serait facile de démontrer, avec des chiffres, que la France peut nourrir 20 à 30 fois plus d'habitans qu'elle n'en nourrit actuellement, où tant de terrains peuvent encore être améliorés, tant d'autres plus intelligemment défrichés, ce qui ne veut pas dire qu'il faille tout mettre en culture.

Ma brochure de 1818 contenait en germe le projet ci-dessus, qui lui-même n'est qu'un programme ; je disais alors : « Créez au siége du gouvernement un véritable ministère de l'agriculture ; formez près de ce ministère un conseil composé d'agriculteurs probes, intelligens, éprouvés ; — créez dans chaque ville, commune ou hameau, des sociétés, un comice agricole s'assemblant les jours de repos ou de loisir. Les préfets, les sous-préfets, les maires, les curés en seront les présidens-nés. Puisez enfin dans ces comices les élémens de votre conseil d'agriculture siégeant près du ministère, vous aurez alors une institution vitale, capable, animée du véritable

(1) A ce compte, la peste, la guerre, etc., ne seraient plus des fléaux, ce seraient des contre-famines... Argument anti-humain qui conteste à la nature son éternelle et sainte loi de production indéfinie...

esprit qui convient à la production et à l'emploi de la richesse la plus naturelle d'un pays, — l'agriculture. »

Ces idées n'eurent aucun retentissement alors ; on était, ma foi, bien trop occupé de luttes politiques, de partis, de changemens de ministères !

Mais voici qu'en 1846, plus d'un quart de siècle après l'apparition de mon opuscule, l'excès du mal, le péril de la situation mettent les sociétés en quête du principe qui doit les sauver. Une institution gît dans nos codes presqu'oubliée, vite on recherche, on commente les articles qui la réglementent ; on dresse des listes ; un ministre, celui de l'intérieur, fait un rapport au roi, et, par ordonnance royale, les conseils généraux de l'agriculture, du commerce et des manufactures sont convoqués. Un ministre du roi soumet à leur examen attentif, à leur discussion éclairée un certain nombre des questions jugées les plus pressantes.

A dix jours d'intervalle, les journaux de Paris et de la province, cette quatrième puissance de l'Etat comme on l'appelle, se réunissent pour aviser aux moyens de sortir de cette confusion dont tout le monde souffre.

La chambre des représentans du pays est réunie ; la chambre des pairs, cette assemblée de sages législateurs inamovibles, s'est rassise au Forum dans ses chaises curules.

Conseils généraux et congrès de journalistes, avec toute la mesure qui est due aux assemblées gouvernementales d'un grand peuple, déposeront sur la tribune nationale ces cahiers d'enquête qui sont l'examen moral autant que le budget du pays.

Eh bien ! les trois grands conseils de l'agriculture, du commerce et des manufactures, malgré la haute valeur individuelle de chacun de ses membres ; — le congrès des journalistes, malgré la masse de connaissances qu'il représente, n'arriveront à autre chose qu'à des vœux éternellement frappés de stérilité....

Et maintenant pourquoi ces vœux seront-ils stériles? C'est qu'ils ne sont point pratiques, c'est qu'ils ne sont guère que la constatation du mal, sans l'indication du remède propre à le guérir.

Car il se trouve qu'en cette circonstance on a mis, d'un et d'autre côté, deux élémens qui devaient former un tout homogène. Ainsi, on a appelé près de soi les conseils généraux; on leur a posé un certain nombre de questions isolées; on en a provoqué la discussion; on leur en a demandé la réponse, soient des rapports. Très bien, mais on s'est donné garde de leur permettre un *ensemble*, une vérification des bases. En un mot, on les a condamnés à ne point rechercher dans la politique la solution d'aucune question.

Quant au congrès des journalistes, on ne lui a rien demandé, rien interdit; mais on a feint d'ignorer son existence, on n'a point voulu discuter avec lui.

On a senti que le congrès des journalistes, qui possède si bien la *science des idées et des mots*, serait entraîné par son inflexible logique à se réunir aux trois conseils généraux de l'agriculture, du commerce et des manufactures, qui, s'ils ne l'ont point encore, représentent au moins la *science des choses*.

En d'autres termes, en défendant aux conseils généraux (ainsi que le porte la loi) l'examen des moyens politiques, on les a conviés à remettre en la bonne voie le char social, sans leur permettre l'emploi du seul instrument propre à ce labeur; — tandis que, d'un autre côté, le journalisme agitait dans le vide, faute de point d'appui, ce levier omnipotent de la politique...

Et voici comment deux assemblées d'hommes honorables, habiles, rompus aux affaires, cherchant à remplir un but grand et utile, n'ont seulement pu écrire un programme et arrêter une résolution qui conduise à son résultat.

On n'est tombé d'accord que sur un point : à savoir, que la position est désastreuse et n'est pas tenable long-temps.

Est-ce à dire que les chambres représentatives ne veulent apporter de remède au mal qu'on leur signale, et qu'elles aussi doivent connaître? — Peut-on croire à un tel abandon de leur devoir, même de leur intérêt bien entendu?

Ce n'est pas croyable; car les députés d'aujourd'hui sont, pour la plupart, les conseillers de la veille; et cet orateur d'à présent est le journaliste d'hier, il le sera demain encore.....

Eh! non, ce n'est pas la bonne volonté, ce n'est pas même l'habileté qui manquent, c'est leur sage direction, leur utile emploi. La société ressemble à cette armée dont nous parlent les anciens, qui fuyait et fuyait encore, frappée d'une panique que rien ne pouvait justifier...

Perversion étrange et bien digne de pitié! L'homme souffre isolément, dans son ignorant orgueil, plutôt que de se conseiller de son frère! A chaque pas, il sent son courage et sa force s'épuiser, et il ne veut point appeler à son aide.....

Répétons une fois encore, au risque de n'être point écouté : —Revenons au vrai, à l'éternel principe sur lequel se doivent appuyer les sociétés; *reconstituons sur des bases larges, solides, l'art de l'agriculture.* Faisons découler de cette organisation, une fois bien assise, toutes les autres améliorations demandées dans les sociétés humaines.

Ne serait-il point équitable, si avant tout ce n'était logique, de confier enfin le pouvoir à la classe agricole? Est-elle moins morale, moins capable, moins utile : qui oserait discuter ces trois points? Que si on oppose que la classe agricole n'est pas toute la nation, on pourra répondre qu'elle compte grand nombre, et que d'ailleurs nous ne la séparons jamais des *travailleurs* de l'industrie, des arts et du commerce, avec lesquels elle est en éternelle communion.

Comme mesure politique, je n'ai demandé que l'extension du droit électoral à tous les enfans honnêtes, utiles, vivant du travail dans la grande famille.

Il est bien entendu que la forme du gouvernement actuel est reconnue inviolable et indiscutable. Qu'est-il besoin, d'ailleurs, aux nations de changer de forme politique? n'est-il pas prouvé par l'expérience des siècles que le gouvernement du jour ne sert guère qu'à faire regretter celui de la ville ?

Il est une considération qui a de tous temps été mise en avant lorsqu'il s'est agi d'accorder des droits politiques au peuple ;—c'est l'ambition, la turbulence, la corruption que l'on prétend siéger au fond de toute assemblée populaire. Comme si le véritable peuple était ambitieux d'autre chose que de paix et de sécurité pour accomplir son rude labeur ; comme si la turbulence des assemblées n'était pas le fait des intrigans, qui seuls peuvent gagner au désordre ; comme si ce qu'on appelle la corruption, chez les travailleurs, était autre chose qu'une erreur dont ils paient toujours l'expérience.

A-t-on jusqu'ici d'ailleurs évité l'ambition, la turbulence et la corruption dans les réunions politiques?... et est-ce le travailleur, qui n'y est point admis, qui en doit être comptable?

Mais procédons différemment, ne prenons point l'initiative d'une si importante mesure.

Que le gouvernement du roi la pratique de lui-même, qu'il

appelle les travailleurs de toutes sortes, en si petit nombre, et sur le point qu'il fixera; qu'il arrête d'avance la liste comme la marche et la forme des questions spéciales qu'il donnera à discuter, à résoudre; — qu'il en appelle au bon sens des masses, tout en prenant des mesures préservatrices contre les perturbateurs.

Et on verra si le *vox populi, vox Dei* des anciens n'est pas resté, comme tous les proverbes et les vieux dictons, une éternelle vérité.

Ici s'arrête la tâche que je me suis imposée. De bons esprits cherchaient, isolés, à l'aventure, sans appui, sans lien, le moyen de régénérer un pays que tout le monde sent tomber en décadence. — Dans ma conviction, le moyen est trouvé.

S'il n'a point convaincu, qu'on le discute, qu'on l'amende, qu'on le transforme, qu'on renverse ma croyance et qu'on m'en fasse admettre une autre; j'y obéirai avec zèle, avec joie, avec dévoûment : ne s'agit-il pas du salut de tous !

Mais que désormais les efforts des hommes de foi et de volonté convergent vers un centre commun, et l'humanité trouvera enfin dans l'élaboration, dans la discussion d'une doctrine, cette sanction, cette certitude tant désirée et si vainement appelée jusqu'ici.

Pour si peu que j'aurai coopéré à ce résultat, loin de m'en enorgueillir, je le considèrerai comme ma meilleure action.

GUYON DE SAULIEU.

www.ingramcontent.com/pod-product-compliance
Ingram Content Group UK Ltd.
Pitfield, Milton Keynes, MK11 3LW, UK
UKHW032032260826
14628UKWH00006B/2912

9 782011 778963